Пиковая дама

Queen of Spades – Libretto

Петр Ильич Чайковский

Pyotr Ilich Tchaikovksy

Пиковая дама - либретто
Copyright © JiaHu Books 2013
First Published in Great Britain in 2013 by Jiahu Books – part of Richardson-Prachai Solutions Ltd, 34 Egerton Gate, Milton Keynes, MK5 7HH
ISBN: 978-1-909669-91-8
Conditions of sale
All rights reserved. You must not circulate this book in any other binding or cover and you must impose the same condition on any acquirer.
A CIP catalogue record for this book is available from the British Library
Visit us at: jiahubooks.co.uk

ДЕЙСТВУЮЩИЕ ЛИЦА 5

ДЕЙСТВИЕ ПЕРВОЕ

КАРТИНА ПЕРВАЯ 7

КАРТИНА ВТОРАЯ 25

ДЕЙСТВИЕ ВТОРОЕ

КАРТИНА ТРЕТЬЯ 37

КАРТИНА ЧЕТВЕРТАЯ 48

ДЕЙСТВИЕ ТРЕТЬЕ

КАРТИНА ПЯТАЯ 54

КАРТИНА ШЕСТАЯ 56

КАРТИНА СЕДЬМАЯ 63

ПИКОВАЯ ДАМА

Опера в 3-х действиях

СЮЖЕТ
ЗАИМСТВОВАН ИЗ ПОВЕСТИ
А. С. ПУШКИНА

Либретто
М. ЧАЙКОВСКОГО

Музыка
П. И. ЧАЙКОВСКОГО

ДЕЙСТВУЮЩИЕ ЛИЦА

Герман	*1-й тенор*
Граф Томский (Златогор)	*баритон*
Князь Елецкий	*баритон*
Чекалинский	*тенор*
Сурин	*бас*
Чаплицкий	*2-й тенор*
Нарумов	*2-й бас*
Распорядитель	*2-й тенор*
Графиня	*меццо-сопрано*
Лиза	*сопрано*
Полина (Миловзор)	*контральто*

Гувернантка	*меццо-сопрано*
Маша	*сопрано*
Мальчик-командир	*непоющий*

Действующие лица в интермедии

Прилепа	*сопрано*
Миловзор (Полина)	*контральто*
Златогор (гр. Томский)	*баритон*

Нянюшки, гувернантки, кормилицы, гуляющие гости, дети, игроки и проч.

Действие происходит в Петербурге в конце XVIII века.

ИНТРОДУКЦИЯ.

ДЕЙСТВИЕ ПЕРВОЕ

КАРТИНА ПЕРВАЯ

Весна. Летний сад. Площадка. На скамейках сидят и расхаживают по саду нянюшки, гувернантки и кормилицы. Дети играют в горелки, другие прыгают через веревки, бросают мячи.

Девочки

Гори, гори ясно,
Чтобы не погасло,
Раз, два, три!
(Смех, восклицания, беготня.)

Нянюшки

Забавляйтеся, детки милые!
Редко солнышко вас, родимые,
Тешит радостью!
Если, милые, вы на волюшке
Игры, шалости затеваете,
То по малости вашим нянюшкам
Вы покой тогда доставляете.
Грейтесь, бегайте, детки милые,
И на солнышке забавляйтеся!

Гувернантки

Слава богу, хоть немножко можно отдохнуть,
Воздухом подышать весенним, видеть что-нибудь!
Не кричать, без замечаний время проводить.
Про внушенья, наказанья, про урок забыть.

Нянюшки

Грейтесь, бегайте, детки милые,
И на солнышке забавляйтеся.

Кормилицы

Баю, баю бай!
Спи, родимый, почивай!
Ясных глаз не открывай!

(Слышны барабанный бой и детские трубы.)

Нянюшки, кормилицы, гувернантки

Вот наши воины идут — солдатики.
Как стройно! Посторонитесь! Места! Раз, два, раз два...

(Входят мальчики в игрушечных вооружениях; впереди мальчик-командир.)

Мальчики *(маршируя)*

Раз, два, раз, два,
Левой, правой, левой правой!
Дружно, братцы!
Не сбиваться!

Мальчик-командир

Правым плечом вперед! Раз, два, стой!

(Мальчики останавливаются)

Слушай!
Мушкет перед себя! Бери за дуло! Мушкет к ноге!

(Мальчики исполняют команду.)

Мальчики

Мы все здесь собрались
На страх врагам российским.
Злой недруг, берегись!
И с помыслом злодейским беги, иль покорись!
Ура! Ура! Ура!
Отечество спасать
Нам выпало на долю.
Мы станем воевать
И недругов в неволю
Без счета забирать!
Ура! Ура! Ура!
Да здравствует жена,
Премудрая царица,
Нам матерь всем она,
Сих стран императрица
И гордость и краса!
Ура! Ура! Ура!

Мальчик-командир

Молодцы, ребята!

Мальчики

Рады стараться, ваше высокоблагородие!

Мальчик-командир

Слушай!

Мушкет перед себя! Направо! На караул! Марш!

(Мальчики уходят, барабаня и трубя.)

Нянюшки, кормилицы, гувернантки

Ну, молодцы, солдаты наши!
И впрямь напустят страху на врага.

(За мальчиками вслед уходят другие дети. Нянюшки и гувернантки расходятся, уступая место другим гуляющим. Входят Чекалинский и Сурин.)

Чекалинский

Чем кончилась вчера игра?

Сурин

Конечно, я продулся страшно!
Мне не везет...

Чекалинский

Вы до утра опять играли?

Сурин

Да!

Ужасно мне надоело,
Чорт возьми, хоть раз бы выиграть!

Чекалинский

Был там Герман?

Сурин

Был. И, как всегда,
С восьми и до восьми утра
Прикован к игорному столу,
    сидел,

И молча дул вино,

Чекалинский

И только?

Сурин

Да на игру других смотрел.

Чекалинский

Какой он странный человек!

Сурин

Как будто у него на сердце
Злодейств, по крайней мере, три.

Чекалинский

Я слышал, что он очень беден...

Сурин

Да, не богат. Вот он, смотри:
Как демон ада мрачен... бледен...

(Входит Герман, задумчив и мрачен; с ним вместе граф Томский.)

Томский

Скажи мне, Герман, что с тобою?

Герман

Со мною? Ничего...

Томский

Ты болен?

Герман

Нет, я здоров!

Томский

Ты стал другой какой-то...
Чем-то недоволен...
Бывало: сдержан, бережлив,
Ты весел был, по крайней мере;
Теперь ты мрачен, молчалив
И, — я ушам своим не верю:
Ты, новой страстию горя,
Как говорят, вплоть до утра
Проводишь ночи за игрой?

Герман

Да! К цели твердою ногой
Идти, как прежде, не могу я.
Я сам не знаю, что со мной.
Я потерялся, негодую на слабость,
Но владеть собой не в силах больше...
Я люблю! Люблю!

Томский

Как! Ты влюблен? В кого?

Герман

Я имени ее не знаю
И не могу узнать,
Земным названьем не желая,
Её назвать...
Сравненья все перебирая,
Не знаю с кем сравнить...
Любовь мою, блаженство рая,
Хотел бы век хранить!
Но мысль ревнивая, что ею другому обладать
Когда я след ноги не смею ей целовать,
Томит меня; и страсть земную
Напрасно я хочу унять,
И все хочу тогда обнять,
И всё хочу мою святую тогда обнять...
Я имени её не знаю
И не хочу узнать...

Томский

А если так, скорей за дело!
Узнаем, кто она, а там —
И предложенье делай смело,
И — дело по рукам!

Герман

О нет! Увы, она знатна
И мне принадлежать не может!
Вот что меня мутит и гложет!

Томский

Найдем другую... Не одна на свете...

Герман

Ты меня не знаешь!
Нет, мне её не разлюбить!
Ах, Томский, ты не понимаешь!
Я только мог спокойно жить,
Пока во мне дремали страсти...
Тогда я мог владеть собой.
Теперь, когда душа во власти одной мечты,
Прощай, покой! Отравлен, словно опьянен,
Я болен, болен... Я влюблен.

Томский

Ты ли это, Герман?
Признаюсь, я никому бы не поверил,
Что ты способен так любить!

(Герман и Томский проходят. Гуляющие наполняют сцену.)

Хор гуляющих

Наконец-то бог послал солнечный денек!
Что за воздух! Что за небо! Точно май у нас!
Ах, какая прелесть! Право, весь бы день гулять!
Дня такого не дождаться долго нам опять.

Старухи

Прежде лучше жили,
И такие дни каждый год бывали, раннею весной,
А теперь им в редкость. Солнышко с утра,
Хуже стало. Право, умирать пора.
Прежде, право, было лучше, было веселее жить.

Нам и солнышко на небе не было в диковинку.
Прежде, право, лучше было и жилося веселей.

Старики

Много лет не видим мы таких деньков,
А, бывало, часто мы видали их.
В дни Елизаветы — чудная пора, —
Лучше было лето, осень и весна.
Ох, уж много лет прошло, как не было таких деньков,
А, бывало, прежде часто мы видали их.
Дни Елизаветы, что за чудная пора!
Ах, в старину жилося лучше, веселей,
Таких весенних, ясных дней давно уж не бывало!

Барышни

Что за радость! Что за счастье!
Как отрадно, как отрадно жить!
Как приятно в Летний Сад ходить!
Прелесть, как приятно в Летний Сад ходить!
Посмотрите, посмотрите, сколько молодых людей,
И военных, и гражданских бродит много вдоль аллей
Посмотрите, посмотрите, как тут много бродит всяких:
И военных, и гражданских, как изящны, как прекрасны.
Как красивы, посмотрите, посмотрите!
Наконец-то бог послал нам солнечный денек!
Что за воздух! Что за небо! Точно май у нас!
Ах, какая прелесть! Право, весь бы день гулять!
Дня такого не дождаться,
Дня такого не дождаться
Долго нам опять.
Дня такого не дождаться
Долго нам, долго нам опять!

Молодые люди

Солнце, небо, воздух, соловья напев

И румянец яркий на ланитах дев.
То весна дарует, с нею и любовь
Сладостно волнует молодую кровь!
Небо, солнце, воздух чистый, сладкий соловья напев,
Радость жизни и румянец алый на ланитах дев.
То дары весны прекрасной, то дары весны!
Счастливый день, прекрасный день, как хорошо!
О, радость! Нам весна любовь и счастье приносит!
Наконец-то бог послал нам солнечный денек!
Что за воздух! Что за небо! Точно май у нас!
Ах, какая прелесть!
Право, весь бы день гулять!
Дня такого не дождаться,
Дня такого не дождаться,
Долго нам опять. *(Входят Герман и Томский.)*

Томский

А ты уверен, что она тебя не замечает?
Держу пари, что влюблена и по тебе скучает...

Герман

Когда б отрадного сомненья лишился я,
То разве вынесла б мученья душа моя?
Ты видишь: я живу, страдаю, но в страшный миг,
Когда узнаю, что мне не суждено ей овладеть,
Тогда останется одно...

Томский

Что?

Герман

Умереть! *(Входит князь Елецкий. К нему идут Чекалинский и Сурин.)*

Чекалинский *(князю)*

Тебя поздравить можно.

Сурин

Ты, говорят, жених?

Князь

Да, господа, женюсь я; светлый ангел согласье дал
Свою судьбу с моею навеки сочетать!..

Чекалинский

Что ж, в добрый час!

Сурин

От всей души я рад. Будь счастлив, князь!

Томский

Елецкий, поздравляю!

Князь

Благодарю, друзья!

Князь *(с чувством)*

Счастливый день,
Тебя благословляю!
Как все соединилось,
Чтоб вместе ликовать со мной,
Повсюду отразилось
Блаженство жизни неземной...
Все улыбается, всё блещет,

Как и на сердце у меня,
Все жизнерадостно трепещет,
К блаженству райскому маня!

Герман

Несчастный день,
Тебя я проклинаю!
Как будто все соединилось,
Чтобы в борьбу вступить со мной.
Повсюду радость отразилась,
Но не в душе моей больной...
Все улыбается, все блещет,
Когда на сердце у меня
Досада адская трепещет,
Одни мучения суля...

Томский *(князю)*

Скажи, на ком ты женишься?

Герман

Князь, кто твоя невеста?

(Входит графиня с Лизой.)

Князь *(указывая на Лизу)*

Вот она!

Герман

Она? Она его невеста! О, боже!...

Лиза и Графиня

Опять он здесь!

Томский

Так вот кто безымянная красавица твоя!

Лиза

Мне страшно!
Он опять передо мной,
Таинственный и мрачный незнакомец!
В его глазах укор немой
Сменил огонь безумной, жгучей страсти...
Кто он? Зачем преследует меня?
Мне страшно, будто я во власти
Его очей зловещего огня!
Мне страшно!.

Графиня

Мне страшно!
Он опять передо мной,
Таинственный и страшный незнакомец!
Он призрак роковой,
Объятый весь какой-то дикой страстью,
Что хочет он, преследуя меня?
Зачем опять он предо мной?
Мне страшно, будто я во власти
Его очей зловещего огня!
Мне страшно...

Герман

Мне страшно!
Здесь опять передо мной, как призрак роковой
Явилась мрачная старуха...

В ее глазах ужасных
Я свой читаю приговор немой!
Что надо ей, что хочет от меня?
Как будто я во власти
Ее очей зловещего огня!
Кто, кто она?

Мне страшно*!*

Князь

Мне страшно!

Боже мой, как смущена она!
Откуда это странное волненье?
В ее душе томленье,
В ее глазах какой-то страх немой!
В них ясный день зачем то вдруг
Пришло сменить ненастье.
Что с ней? Не смотрит на меня!
О, мне страшно, будто близко
Грозит какое-то нежданное несчастье.

Страшно мне!

Томский

Вот, о ком он говорил?
Как он смущен нежданной вестью!
В его глазах я вижу страх...
Страх немой сменил огонь безумной страсти!
А с нею, с нею что? Как бледна!
Ах, мне страшно за нее!

Мне страшно.

(Граф Томский подходит к графине. Князь к Лизе. Графиня пристально смотрит на Германа)

Томский

Графиня,
Позвольте вас поздравить...

Графиня

Скажите мне, кто этот офицер?

Томский

Который? Этот? Герман, приятель мой.

Графиня

Откуда взялся он? Какой он страшный!

(Томский провожает ее до глубины сцены.)

Князь *(подавая руку Лизе)*

Небес чарующая прелесть,
Весна, зефиров легкий шелест,
Веселие толпы, друзей привет, —
Сулят в грядущем много лет
Нам счастья!

Герман

Радуйся, приятель!
Забыл ты, что за тихим днем
Гроза бывает. Что создатель
Дал счастью слезы, вёдру — гром!

(Отдаленный гром. Герман в мрачной задумчивости опускается на скамейку.)

Сурин

Какая ведьма эта графиня!

Чекалинский

Страшилище!

Томский

Недаром же ее прозвали «Пиковой дамой».
Не могу постигнуть, отчего она не понтирует?

Сурин

Как? Старуха-то?

Чекалинский

Осьмидесятилетняя карга!

Томский

Так вы про нее ничего не знаете?

Сурин

Нет, право, ничего.

Чекалинский

Ничего.

Томский

О, так послушайте!
Графиня много лет назад в Париже красавицей слыла.
Вся молодежь по ней с ума сходила,

Называя «Венерою московской».
Граф Сен-Жермен — среди других тогда еще красавец,
Пленился ею. Но безуспешно он вздыхал по графине:
Все ночи напролет играла красавица и, увы,
Предпочитала фараон любви.
Однажды в Версале «au jeu de la Reine» Vénus moscovite
проигралась до тла.

В числе приглашенных был граф Сен-Жермен;
Следя за игрой, он слыхал, как она
Шептала в разгаре азарта: «О, боже! О, боже!
О, боже, я все бы могла отыграть,
Когда бы хватило поставить опять
Три карты, три карты, три карты!»
Граф, выбрав удачно минуту, когда
Покинув украдкой гостей полный зал,
Красавица молча сидела одна,
Влюбленно над ухом её прошептал слова слаще звуков
Моцарта:

«Графиня, графиня, графиня, ценой одного, «rendezvous» хотите,
Пожалуй, я вам назову три карты, три карты, три карты?
Графиня вспылила: «Как смеете вы!»
Но граф был не трус... И когда через день
Красавица снова явилась, увы,
Без гроша в кармане «au jeus de la Reine»,
Она уже знала три карты.
Их смело поставив одну за другой,
Вернула свое..., но какою ценой!
О карты, о карты, о карты!
Раз мужу те карты она назвала,
В другой раз их юный красавец узнал.
Но в эту же ночь, лишь осталась одна,
К ней призрак явился и грозно сказал:
«Получишь смертельный удар ты
От третьего, кто пылко, страстно любя,
Придет, чтобы силой узнать от тебя

Три карты три карты, три карты!»

Чекалинский

Se nonè vero, è ben trovato.

(Слышен гром, наступает гроза.)

Сурин

Забавно! Но графиня спать спокойно может:
Трудновато любовника ей пылкого сыскать.

Чекалинский

Послушай, Герман, вот тебе отличный случай,
Чтобы играть без денег. Подумай-ка!

(Все смеются.)

Чекалинский, Сурин

«От третьего, кто пылко, страстно любя,
Придет, чтобы силой узнать от тебя
Три карты, три карты, три карты!»

(Уходят. Сильный удар грома. Гроза разыгрывается. Гуляющие торопятся в равные стороны. Восклицания, крики.)

Хор гуляющих

Как быстро гроза наступила... Кто бы мог ожидать?..
Страсти какие... Удар за ударом громче, страшнее!
Бежимте скорей! Скорей бы к воротам поспеть!

(Все разбегаются. Гроза усиливается.)
(Издали.)

Ах, скорей домой!
Сюда бегите скорей!

(Сильный удар грома.)

Герман *(задумчиво)*

«Получишь смертельный удар ты
От третьего, кто пылко, страстно любя,
Придет, чтобы силой узнать от тебя
Три карты, три карты, три карты!»
Ах, что мне в них, хотя бы и обладал я ими!
Погибло все теперь... Один остался я. Мне буря не страшна!
Во мне самом все страсти проснулись с такой убийственною силой,
Что этот гром ничто в сравнении! Нет, князь!
Пока я жив, тебе я не отдам ее.
Не знаю как, но отниму!
Гром, молния, ветер, при вас торжественно даю
Я клятву: она моею будет, иль умру!

(Убегает.)

КАРТИНА ВТОРАЯ

Комната Лизы. Дверь на балкон, выходящий в сад. Лиза за клавесином. Около нее Полина. Подруги.

Лиза и Полина

Уж вечер... облаков померкнули края,
Последний луч зари на башнях умирает;
Последняя в реке блестящая струя
С потухшим небом угасает.
Все тихо: рощи спят; вокруг царит покой;
Простершись на траве под ивой наклоненной,
Внимаю, как журчит, сливаяся с рекой,

Поток, кустами осененный.
Как слит с прохладою растений аромат!
Как сладко в тишине у брега струй плесканье!
Как тихо веянье зефира по водам,
И гибкой ивы трепетанье!

Хор подруг

Обворожительно! Очаровательно!
Чудесно! Прелестно! Ах, чудно, хорошо!
Еще, mesdames, ещё, ещё.

Лиза

Спой, Поля, нам одна.

Полина

Одна?
Но что же спеть?

Хор подруг

Пожалуйста, что знаешь.
Ma chère, голубка, спой нам что-нибудь.

Полина

Я спою любимый свой романс...

(Садится за клавесин, играет и поет с глубоким чувством.)

Постойте... Как это? Да вспомнила!
Подруги милые, в беспечности игривой,
Под плясовой напев вы резвитесь в лугах!
И я, как вы, жила в Аркадии счастливой,
И я, на утре дней, в сих рощах и полях
Минуты радости вкусила:

Любовь в мечтах златых мне счастие сулила,
Но что ж досталось мне в сих радостных местах?
Могила!

(Все тронуты и взволнованы.)

Вот вздумала я песню спеть слезливую такую?
Ну, с чего? И без того грустна ты что-то, Лиза,
В такой-то день! Подумай, ведь ты помолвлена, ай, ай, ай!

(Подругам.)

Ну, что вы все носы повесили? Веселую давайте,
Да русскую в честь жениха с невестой!
Ну, я начну, а вы мне подпевайте!

Хор подруг

И вправду, давайте веселую, русскую!

(Подруги бьют в ладоши. Лиза, не принимая участия в весельи, задумчиво стоит у балкона.)

Полина *(подруги ей подпевают)*

Ну-ка, светик Машенька,
Ты потешь, попляши,
Ай, люли, люли,
Ты потешь, попляши.
Свои белы рученьки
Под бока подбери.
Ай, лю-ли, лю-ли,
Под бока подбери.
Свои скоры ноженьки
Не жалей, угоди.
Ай, люли, люли,
Не жалей, угоди.

(Полина и некоторые подруги пускаются в пляс.)

Коли спросит маменька: «весела!»
Ай, лю-ли, лю-ли, «весела!» говори.
А к ответу тятенька:
Мол, «пила до зари!»
Ай, лю-ли, лю-ли, лю-ли,
Мол, «пила до зари!»
Корить станет молодец:
«Поди прочь, уходи!»
Ай, лю-ли, лю-ли,
«Поди прочь, уходи!»

(Входит гувернантка графини.)

Гувернантка

Mesdemoiselles, что здесь у вас за шум? Графиня сердится...
Ай, ай, ай! Не стыдно ль вам плясать по русски!
Fi, quel genre, mesdames!
Барышням вашего круга надо приличия знать!
Должно вам было бы друг-другу правила света внушать.
В девичьих только беситься можно, не здесь, mes mignonnes.
Разве нельзя веселиться, не забывая бонтон?...
Пора уж расходиться...
Вас позвать прощаться меня послали...

(Барышни расходятся.)

Полина *(подходя к Лизе)*

Lise, что ты скучная такая?

Лиза

Я скучная? Нисколько! Взгляни, какая ночь!
Как после бури страшной все обновилось вдруг.

Полина

Смотри, я на тебя пожалуюся князю.
Скажу ему, что в день помолвки ты грустила...

Лиза

Нет, ради бога, не говори!

Полина

Тогда изволь сейчас же улыбнуться...
Вот так! Теперь прощай. *(Целуются.)*

Лиза

Я провожу тебя...

(Уходят. Приходит горничная и тушит огонь, оставив одну свечу. В то время, когда она подходит к балкону, чтобы затворить ею, возвращается Лиза.)

Лиза

Не надо затворять. Оставь.

Маша

Не простудились бы, барышня.

Лиза

Нет, Маша, ночь так тепла, так хороша!

Маша

Прикажете помочь раздеться?

Лиза

Нет, я сама. Ступай ты спать.

Маша

Уж поздно, барышня...

Лиза

Оставь меня, ступай...

(Маша уходит. Лиза стоит в глубокой задумчивости, потом тихо плачет.)

Откуда эти слезы, зачем они?
Мои девичьи грезы, вы изменили мне!
Вот как вы оправдались наяву!..
Я жизнь свою вручила ныне князю — избраннику по сердцу,
Существу, умом, красою, знатностью, богатством,
Достойному подруги не такой, как я.
Кто знатен, кто красив, кто статен как он?
Никто! И что же?...
Я тоской и страхом вся полна, дрожу и плачу.
Зачем же эти слёзы, зачем они?
Мои девичьи грёзы, вы изменили мне...
И тяжело, и страшно! Но к чему обманывать себя?
Я здесь одна, вокруг все тихо спит...
О, слушай, ночь!

Тебе одной могу поверить тайну души моей.
Она мрачна, как ты, она как взор очей печальный,
Покой и счастье у меня отнявших...

Царица ночь!

Как ты, красавица, как ангел падший, прекрасен он.

В его глазах огонь палящей страсти,
Как чудный сон, меня манит.
И вся моя душа во власти его.
О, ночь!

(В дверях балкона появляется Герман. Лиза в ужасе отступает. Они молча смотрят друг на друга. Лиза делает движение, чтоб уйти.)

Герман

Остановитесь, умоляю вас!

Лиза

Зачем вы здесь, безумный человек?
Что надо вам?

Герман

Проститься!

(Лиза хочет уйти.)

Герман

Не уходите же! Останьтесь! Я сам уйду сейчас
И более сюда не возвращусь... Одну минуту!
Что вам стоит? К вам умирающий взывает.

Лиза

Зачем, зачем вы здесь? Уйдите!

Герман

Нет!

Лиза

Я закричу.

Герман

Кричите! *(Вынимая пистолет)* Зовите всех!
Я все равно умру, один или при других.

(Лиза опускает голову.)

Но если есть, красавица, в тебе хоть искра состраданья,
То постой, не уходи!..

Лиза

О, боже!

Герман

Ведь это мой последний, смертный час!
Свой приговор узнал сегодня я.
Другому ты, жестокая, свое вручаешь сердце!

(Страстно и выразительно.)

Дай умереть, тебя благословляя, а не кляня,
Могу ли день прожить, когда чужая ты для меня!

Я жил тобой;

Одно лишь чувство и мысль упорная одна владели мной.
Погибну я, но перед тем, чтоб с жизнью проститься,
Дай мне хоть миг один побыть с тобой вдвоем,
Средь чудной тишины ночной, красой твоей дай мне упиться.
Потом пусть смерть и с ней — покой!

(Лиза стоит, с грустью глядя на Германа.)

Стой так! О, как ты хороша!

Лиза *(слабеющим голосом)*

Уйдите! Уйдите!

Герман

Красавица! Богиня! Ангел!

(Герман становится на колени.)

Прости, небесное созданье, что я нарушил твой покой.
Прости! но страстного не отвергай признанья,
Не отвергай с тоской.
О пожалей, я, умирая,
Несу тебе мою мольбу:
Взгляни с высот небесных рая
На смертную борьбу
Души, истерзанной мученьем любви к тебе,
О сжалься и дух мой лаской, сожаленьем,
Слезой твоей согрей!

(Лиза плачет.)

Ты плачешь! Что значат эти слезы —
Не гонишь и жалеешь?

(Берет ее за руку, которую она не отнимает)

Благодарю тебя! Красавица! Богиня! Ангел!

(Припадает к Лизиной руке и целует ее. Шум шагов и стук в дверь.)

Графиня *(за дверью)*

Лиза, отвори!

Лиза *(в смятении)*

Графиня! Боже правый! я погибла!
Бегите!.. Поздно!.. Сюда!..

(Стук усиливается. Лиза указывает Герману на портьеру. Потом идет к двери и отворяет ее. Входит графиня в шлафроке, окруженная горничными со свечами.)

Графиня

Что ты не спишь? Зачем одета? Что тут за шум?..

Лиза *(растерянно)*

Я, бабушка, по комнате ходила... Мне не спится...

Графиня *(жестом велит затворить балкон)*

Зачем балкон открыт? Что это за фантазии такие?.. Смотри ты! Не дури! Сейчас ложиться *(стучит палкой)* Слышишь?...

Лиза

Я, бабушка, сейчас!

Графиня

Не спится!.. Слыхано ли это! Ну, времена!
Не спится!... Сейчас ложись!

Лиза

Я слушаюсь. Простите.

Графиня *(уходя)*

А я то слышу шум; ты бабушку тревожишь! Идемте...
И глупостей не смей тут затевать!

(Уходит.)

Герман

«Кто, страстно любя,
Придет, чтоб наверно узнать от тебя
Три карты, три карты, три карты!»
Могильным холодом повеяло вокруг!
О, страшный призрак! Смерть, я не хочу тебя!..

(Лиза, затворив дверь за графиней, подходит к балкону, отворяет его и велит жестом Герману уходить.)

О, пощади меня!
Смерть несколько минут тому назад
Казалась мне спасеньем, почти что счастьем!
Теперь не то! Она страшна мне!
Ты мне зарю раскрыла счастья,
Я жить хочу и умереть с тобой.

Лиза

Безумный человек, что вы хотите от меня,
Что сделать я могу?

Герман

Решить мою судьбу.

Лиза

Сжальтесь! Вы губите меня!
Уйдите! Я прошу вас, я велю вам!

Герман

Так, значит, смерти приговор ты произносишь!

Лиза

О, боже... Я слабею... Уходи, прошу!

Герман

Скажи тогда: умри!

Лиза

Боже правый!

Герман

Прощай!

(Герман хочет уйти.)

Лиза

Нет! Живи!

Герман

(Порывисто обнимает Лизу; она опускает голову ему на плечо.)

Красавица! Богиня! Ангел!
Тебя люблю!

Лиза

Я твоя!

ДЕЙСТВИЕ ВТОРОЕ

КАРТИНА ТРЕТЬЯ

Маскарадный бал в доме богатого столичного вельможи. Большая зала. По бокам, между колонн, устроены ложи. Гости танцуют контраданс. На хорах поют певчие.

Хор певчих

Радостно! весело!
В день сей сбирайтеся, други!
Бросьте свои недосуги,
Скачите, пляшите смелей!
Бейте в ладоши руками,
Щёлкайте громко перстами!
Черны глаза поводите,
Станом вы всё говорите!
Фертиком руки вы в боки,
Делайте легкие скоки,
Чобот о чобот стучите,
С наступью смелой свищите!
Хозяин с супругой своей
Приветствует добрых гостей!

(Входит распорядитель.)

Распорядитель

Хозяин просит дорогих гостей
Пожаловать смотреть на блеск увеселительных огней.

(Все гости направляются к террасе в сад.)

Чекалинский

Наш Герман снова нос повесил.
Ручаюсь вам, что он влюблен;
То мрачен был, потом стал весел.

Сурин

Нет, господа, он увлечен,
Как думаете, чем?
Надеждой узнать три карты.

Чекалинский

Вот чудак!

Томский

Не верю, надо быть невеждой для этого!
Он не дурак!

Сурин

Он сам мне говорил.

Томский

Смеясь!

Чекалинский *(Сурину)*

Давай, пойдем его дразнить!

(Проходят.)

Томский

А, впрочем, он из тех,

Кто, раз задумав,
Должен все свершить!
Бедняга!

(Зал пустеет. Входят слуги приготовить середину сцены для интермедии. Проходят Князь и Лиза.)

Князь

Вы так печальны, дорогая,
Как будто горесть есть у вас...
Доверьтесь мне.

Лиза

Нет, после, князь.
В другой раз... Умоляю!

(Хочет уйти.)

Князь

Постойте... на одно мгновенье!
Я должен, должен вам сказать!
Я вас люблю, люблю безмерно,
Без вас не мыслю дня прожить,
Я подвиг силы беспримерной,
Готов сейчас для вас свершить,
Но знайте: сердца вашего свободу
Ничем я не хочу стеснять,
Готов скрываться вам в угоду
И пыл ревнивых чувств унять.
На все, на все для вас готов я!
Не только любящим супругом —
Слугой полезным иногда,
Желал бы я быть вашим другом
И утешителем всегда.
Но ясно вижу, чувствую теперь я,

Куда себя в мечтах завлёк.
Как мало в вас ко мне доверья,
Как чужд я вам и как далек!
Ах, я терзаюсь этой далью.
Состражду вам я всей душой,
Печалюсь вашей я печалью
И плачу вашею слезой,
Ах, я терзаюсь этой далью,
Состражду вам я всей душой!
Я вас люблю, люблю безмерно...
О, милая, доверьтесь мне!

(Уходят.)
(Входит Герман без маски, держа записку в руках.)

Герман *(читает)*

После представления ждите меня в зале. Я должна вас видеть...
Скорее бы её увидеть и бросить эту мысль *(садится)*.
Три карты знать — и я богат!
И вместе с ней могу бежать
Прочь от людей.
Проклятье! Эта мысль меня с ума сведет!

(Несколько гостей возвращаются в залу; среди них Чекалинский и Сурин. Они указывают на Германа, подкрадываются и, наклонясь над ним, шепчут.)

Чекалинский, Сурин

Не ты ли тот третий,
Кто страстно любя,
Придет, чтобы узнать от нее
Три карты, три карты, три карты...

(Скрываются. Герман испуганно встает, как бы не отдавая себе отчета в том, что происходит. Когда он

оглядывается, Чекалинский и Сурин уже скрылись в толпе молодежи.)

Чекалинский, Сурин, несколько человек из хора

Три карты, три карты, три карты!

(Хохочут. Смешиваются с толпой гостей).

Герман

Что это? Бред или насмешка?
Нет! Что если...

(Закрывает лицо руками.)

Безумец, безумец я!

(Задумывается.)

Распорядитель

Хозяин просит дорогих гостей прослушать пастораль
Под титлом: «Искренность пастушки!»

(Гости усаживаются на приготовленные места.)

Хор пастухов и пастушек

(Во время хора Прилепа одна не принимает участия в танцах и плетет венок в печальной задумчивости.)

Под тению густой,
Близ тихого ручья,
Пришли мы днесь толпой
Порадовать себя, попеть, повеселиться
И хороводы весть,
Природой насладиться,

Венки цветочны плесть…

(Пастухи и пастушки танцуют, потом удаляются в глубину сцены.)

Прилепа

Мой миленький дружок,
Любезный пастушок,
О ком я воздыхаю
И страсть открыть желаю,
Ах, не пришел плясать,
Ах, не пришел плясать!

(Входит Миловзор.)

Миловзор

Я здесь, но скучен, томен,
Смотри как похудал!
Не буду больше скромен,
Я долго страсть скрывал…

Прилепа

Мой миленький дружок,
Любезный пастушок,
Как без тебя скучаю,
Как по тебе страдаю,
Ах, не могу сказать!..
Ах, не могу сказать!..
Не знаю, не знаю отчего.
Не знаю, не знаю отчего…

Миловзор

Давно тебя любя,
Соскучил без тебя,

А ты того не знаешь
И здесь себя скрываешь
От взора моего,
От взора моего —
Не знаю, не знаю для чего!
Не знаю, не знаю для чего!

(Свита Златогора вносит драгоценные дары, танцуя. Входит Златогор.)

Златогор

Как ты мила, прекрасна!
Скажи: из нас кого —
Меня или его —
Навек любить согласна?

Миловзор

Я сердцем согласился,
Я ту любить склонился,
Кого оно велит,
К кому оно горит.

Златогор

Я горы золотые
И камни дорогие
Имею у себя.
Украсить обещаю
Я ими всю тебя.
Я тьмою обладаю
И злата, и сребра,
И всякого добра!

Миловзор

Мое одно именье:

Любви нелестный жар,
И в вечное владенье
Прими его ты в дар.
И птички, и цветки,
И ленты, и венки
На место испещренной
Одежды драгоценной
Я стану приносить,
И их тебе дарить.

Прилепа

Ни вотчин мне не надо,
Ни редкостных камней,
Я с милым средь полей
И в хижине жить рада! *(Миловзору.)*
Ну, барин, в добрый путь,
А ты спокоен будь!
Сюда, в уединенье
Спеши в вознагражденье
Таких прекрасных слов
Принесть мне пук цветов!

Прилепа и Миловзор

Пришел конец мученьям,
Любовным восхищениям
Наступит скоро час,
Любовь! Спрягай ты нас.

Хор пастухов и пастушек

Пришел конец мученьям —
Невеста и жених достойны восхищенья,
Любовь! Спрягай ты их!

(Амур и Гименей со свитою входят венчать молодых влюбленных. Прилепа и Миловзор, взявшись за руки, танцуют. Пастухи и пастушки подражают им, составляют хороводы, а потом все попарно удаляются. По окончании интермедии иные из гостей встают, другие — оживленно беседуют, оставшись на местах. Герман подходит к авансцене.)

Герман *(задумчиво)*

«Кто пылко и страстно любя»... —
Что ж, разве не люблю я?
Конечно, — да!

(Оборачивается и видит перед собой графиню. Оба вздрагивают, пристально смотрят друг на друга.)

Сурин *(в маске)*

Смотри, любовница твоя!

(Хохочет и скрывается.)

Герман

Опять... Опять. Мне страшно!
Тот же голос...
Кто это? Демон или люди?
Зачем они преследуют меня?
Проклятье! О, как я жалок и смешон!

(Входит Лиза в маске.)

Лиза

Послушай, Герман!

Герман

Ты! Наконец-то!
Как счастлив я, что ты пришла!
Люблю тебя!

Лиза

Не место здесь...
Не для того звала тебя я.
Слушай: — вот ключ от потаённой двери в саду:
Там лестница. По ней взойдешь ты в спальню бабушки...

Герман

Как? В спальню к ней?...

Лиза

Ее не будет там....
В спальне близ портрета
Есть дверь ко мне. Я буду ждать.
Тебе, тебе хочу принадлежать я одному.
Нам надо все решить!
До завтра, мой милый, желанный!

Герман

Нет, не завтра, сегодня буду там!

Лиза *(испуганно)*

Но, милый...

Герман

Я хочу!

Лиза

Пусть так и будет!
Ведь я твоя раба!
Прости...

(Скрывается.)

Герман

Теперь не я,
Сама судьба так хочет,
И я буду знать три карты!

(Убегает.)

Распорядитель *(взволнованно)*

Ее величество сейчас пожаловать изволит...

Хор гостей

(В хоре большое оживление. Распорядитель разделяет толпу так, чтобы в середине образовался проход для царицы. В числе гостей участвуют в хоре и те, что составляли хор в интермедии.)

Царица! Царица!
Хозяину какая честь! Какое счастье —
На нашу матушку взглянуть!
Ну, вышел настоящий праздник...

Распорядитель *(певчим)*

Вы «Славься сим» сейчас же гряньте!

(Все оборачиваются в сторону средних дверей. Распорядитель делает знак певчим, чтобы начинали.)

Хор гостей и певчих

Славься сим, Екатерина,
Славься, нежная к нам мать!

(Мужчины становятся в позу низкого придворного поклона. Дамы глубоко приседают. Появляются пажи.)

Виват! виват!

КАРТИНА ЧЕТВЕРТАЯ

Спальня графини, освещенная лампадами. Через потаенную дверь входит Герман. Он осматривает комнату.

Герман

Все так, как мне она сказала...
Что же? Боюсь я что ли?
Нет! Так решено:
Я выведаю тайну у старухи!

(Задумывается.)

А если тайны нет,
И это все пустой лишь бред
Моей больной души?

(Идет к дверям Лизы. Останавливается у портрета графини. Бьет полночь.)

А, вот она, «Венерою московской»!
Какой-то тайной силой
Я с нею связан, роком.
Мне ль от тебя,
Тебе ли от меня,
Но чувствую, что одному из нас
Погибнуть от другого.

Гляжу я на тебя и ненавижу,
А насмотреться вдоволь не могу!
Бежать хотел бы прочь,
Но нету силы...
Пытливый взор не может оторваться
От страшного и чудного лица!
Нет, нам не разойтись
Без встречи роковой.
Шаги! Сюда идут! Да!
Ах, будь что будет!

(Скрывается за занавеской будуара. Вбегает горничная и поспешно зажигает свечи. За ней прибегают другие горничные и приживалки. Входит графиня, окруженная суетящимися горничными и приживалками.)

Хор приживалок и горничных

Благодетельница наша,
Как изволили гулять?
Свет наш барынюшка
Хочет, верно, почивать?
Утомились, чай? Ну и что же:
Был кто лучше там собой?
Были, может быть, моложе,
Но красивей — ни одной!

(Провожают графиню в будуар. Входит Лиза, за ней идет Маша.)

Лиза

Нет, Маша, нейди за мной!

Маша

Что с вами, барышня, вы бледны!

Лиза

Нет, ничего...

Маша *(догадываясь)*

Ах, боже мой! Неужели?..

Лиза

Да, он придет...
Молчи! Он, может быть,
Уж там и ждет...
Постереги нас, Маша, будь мне другом.

Маша

Ах, как бы не досталось нам!

Лиза

Он так велел. Моим супругом
Его избрала я. И рабой послушной, верной
Стала того, кто послан мне судьбой.

(Уходят. Приживалки и горничные вводят графиню. Она в шлафроке и ночном чепце. Ее укладывают в постель.)

Горничные п приживалки

Благодетельница, свет наш барынюшка,
Утомилася, чай. Хочет, верно, почивать!
Благодетельница, раскрасавица! Ляг в постельку.
Завтра будешь снова краше утренней зари!
Благодетельница, ляг в постельку, отдохни!

Графиня

Полно врать вам! Надоели!..
Я устала... Мочи нет...
Не хочу я спать в постели!

(Ее усаживают в кресло и обкладывают подушками.)

Ах, постыл мне этот свет.
Ну, времена! Повеселиться толком не умеют.
Что за манеры! Что за тон!
И не глядела бы...
Ни танцевать, ни петь не знают!
Кто дансёрки? Кто поет? девчонки!
А бывало: кто танцевал? Кто пел?
Le duc d'Orléans, le duc d'Ayen, duc de Coigny..
La comtesse d'Estrades, la duchesse de Brancas...
Какие имена! и даже, иногда, сама маркиза Пампадур!
При них я и певала... Le duc de la Vallière
Хвалил меня. Раз, помню, в Chantylly, у Prince de Condé
Король меня слыхал! Я как теперь все вижу...
Je crains de lui parler la nuit,
J'ecoute trop tout ce qu'il dit;
Il me dit: je vous aime, et je sens malgré moi,
Je sens mon coeur qui bat, qui bat...
Ja ne sais pas pourquoi...

(Как бы очнувшись, оглядывается)

Чего вы тут стоите? Вон ступайте!

(Горничные и приживалки расходятся. Графиня засыпает, напевая ту же песенку. Герман выходит из-за укрытия и становится против графини. Она просыпается и в ужасе беззвучно шевелит губами.)

Герман

Не пугайтесь! Ради бога не пугайтесь!
Ради бога не пугайтесь!
Я не стану вам вредить!
Я пришел вас умолять о милости одной!

(Графиня молча смотрит на него попрежнему.)

Вы можете составить счастье целой жизни!
И оно вам ничего не будет стоить!
Вы знаете три карты.

(Графиня привстает.)

Для кого вам беречь вашу тайну.

(Герман встает на колени.)

Если когда-нибудь знали вы чувство любви,
Если вы помните пыл и восторги юной крови,
Если хоть раз улыбнулись вы на ласку ребенка,
Если в вашей груди билось когда-нибудь сердце,
То умоляю вас, чувством супруги, любовницы, матери, —
Всем, что свято вам в жизни. Скажите, скажите,
Откройте мне вашу тайну! На что вам она?
Может быть, она сопряжена с грехом ужасным,
С пагубой блаженства, с дьявольским условием?
Подумайте, вы стары, жить не долго вам,
И я ваш грех готов взять на себя!
Откройтесь мне! Скажите!

(Графиня, выпрямившись, грозно смотрит на Германа.)

Старая ведьма! Так я же заставлю тебя отвечать!

(Вынимает пистолет. Графиня кивает головой, поднимает руки, чтобы заслониться от выстрела и

падает мертвая. Герман подходит к трупу, берет руку.)

Полноте ребячиться! Хотите ли назначить мне три карты?
Да или нет?...
Она мертва! Сбылось! А тайны не узнал я!
Мертва! А тайны не узнал я... Мертва! Мертва!

(Входит Лиза.)

Лиза

Что здесь за шум?

(Увидя Германа.)

Ты, ты здесь?

Герман

Молчи!.. Молчи!.. Она мертва,
А тайны не узнал я!..

Лиза

Как мертва? О чем ты говоришь?

Герман *(указывая на труп)*

Сбылось! Она мертва, а тайны не узнал я!

(Лиза бросается к трупу графини.)

Лиза

Да! Умерла! О боже! И это сделал ты?

(Рыдает.)

Герман

Я смерти не хотел ее...
Я только знать хотел три карты!

Лиза

Так вот зачем ты здесь! Не для меня!
Ты знать хотел три карты!
Не я тебе была нужна, а карты!
О, боже, боже мой!
И я его любила, из-за него погибла!
Чудовище! Убийца! Изверг.

(Герман хочет говорить, но она повелительным жестом указывает на потаенную дверь.)

Убийца, Изверг! Прочь! Прочь! Злодей! Прочь! Прочь!

Герман

Она мертва!

(Герман убегает. Лиза с рыданиями опускается на труп графини.)

ДЕЙСТВИЕ ТРЕТЬЕ

КАРТИНА ПЯТАЯ

Казармы. Комната Германа. Поздний вечер. Лунный свет то озаряет через окно комнату, то исчезает. Вой ветра. Герман сидит у стола близ свечи. Он читает письмо.

Герман *(читает)*

Я не верю, чтобы ты хотел смерти графини... Я измучилась

сознанием моей вины перед тобой. Успокой меня. Сегодня жду тебя на набережной, когда нас никто не может видеть там. Если до полуночи ты не придешь, я должна буду допустить страшную мысль, которую гоню от себя. Прости, прости, но я так страдаю!..

Бедняжка! В какую пропасть я завлек ее с собою!

Ах, если б мне забыться и уснуть.

(Опускается в кресло в глубокой задумчивости и как бы дремлет. Потом испуганно встает.)

Все те же думы...
Все тот же страшный сон...
И мрачные картины похорон
Встают как бы живые предо мною... *(прислушивается)*
Что это? пенье или ветра вой? Не разберу...
Совсем как там... Да, да, поют!
А вот и церковь, и толпа, и свечи, и кадила, и рыданья...
Вот катафалк, вот гроб...
И в гробе том старуха без движенья, без дыханья...
Какой-то силою влеком вхожу я по ступеням черным!
Страшно, но силы нет назад вернуться,
На мертвое лицо смотрю... И вдруг
Насмешливо прищурившись, оно мигнуло мне!
Прочь, страшное виденье! Прочь!

(Опускается на кресло, закрыв лицо руками.)

Хор певчих за сценой

Господу молюся я, чтобы внял он печали моей,
Ибо зла исполнилась душа моя и страшусь я плененья адова.
О, воззри, боже, на страдания ты раба своего.
Даждь жизнь ей бесконечную.

(Стук в окно. Герман поднимает голову и прислушивается. Вой ветра. Из окна кто-то выглядывает и исчезает. Опять стук в окно. Порыв ветра отворяет его и оттуда снова показывается тень. Свеча гаснет.)

Герман *(в ужасе)*

Мне страшно! Страшно! Там... там шаги...
Вот отворяют дверь... Нет, нет, я не выдержу!

(Бежит к двери, но там его останавливает призрак графини. Герман отступает. Призрак приближается.)

Призрак графини

Я пришла к тебе против воли, но мне велено исполнить твою просьбу. Спаси Лизу, женись на ней, и три карты, три карты, три карты выиграют сряду. Запомни: тройка, семерка, туз!

(Исчезает.)

Герман *(повторяет с видом безумия)*

Тройка, семерка, туз!

КАРТИНА ШЕСТАЯ

Ночь. Зимняя Канавка. В глубине сцены — набережная и Петропавловская крепость, освещенная луной. Под аркой, в темном углу, вся в черном, стоит Лиза.

Лиза

Уж полночь близится, а Германа все нет, все нет...
Я знаю, он придет, рассеет подозренье.
Он жертва случая и преступленья
Не может, не может совершить!

Ах, истомилась, исстрадалась я!..
Ах, истомилась я горем...
Ночью ли днём — только о нем
Думой себя истерзала я,
Где же ты радость бывалая?
Ах, истомилась, устала я!
Жизнь мне лишь радость сулила,
Туча нашла, гром принесла,
Все, что я в мире любила,
Счастье, надежды разбила!
Ах, истомилась, устала я!..
Ночью ли, днем — только о нем.
Ах, думой себя истерзала я,
Где же ты, радость бывалая?
Туча пришла и грозу принесла,
Счастье, надежды разбила!
Я истомилась! Я исстрадалась!
Тоска грызет меня и гложет.

А если мне в ответ часы пробьют,
Что он убийца, соблазнитель?
Ах, страшно, страшно мне!

(Бой часов на крепостной башне.)

О, время! подожди, он будет здесь сейчас... *(с отчаянием)*
Ах, милый, приходи, сжалься, сжалься надо мной,
Супруг мой, мой повелитель!

Так это правда! Со злодеем
Свою судьбу связала я!
Убийце, извергу навеки
Принадлежит душа моя!..
Его преступною рукою
И жизнь и честь моя взята,
Я волей неба роковою
С убийцей вместе проклята. *(Хочет бежать, но входит Герман.)*

Ты здесь, ты здесь!
Ты не злодей! Ты здесь.
Настал конец мученьям
И снова стала я твоей!
Прочь слезы, муки и сомненья!
Ты мой опять и я твоя! *(Падает к нему в объятия.)*

Герман *(целует ее)*

Да, здесь я, милая моя!

Лиза

О, да, миновали страданья,
Я снова с тобою, мой друг!

Герман

Я снова с тобою, мой друг!

Лиза

Настало блаженство свиданья.

Герман

Настало блаженство свиданья.

Лиза

Конец наших тягостных мук.

Герман

Конец наших тягостных мук.

Лиза

О, да, миновали страданья, я снова с тобою!..

Герман

То были тяжелые грезы,
Обман сновиденья пустой!

Лиза

Обман сновиденья пустой!

Герман

Забыты стенанья и слезы!

Лиза

Забыты стенанья и слезы!

Герман

Я снова с тобою!
Да, я снова с тобой!
Миновали наши муки, страданья,
Час свиданья блаженный настал,
О, мой ангел, я снова с тобой.

Лиза

Я снова, снова с тобой.
О, мой милый, желанный,
Миновали наши навеки страданья,
Кончены муки, мой милый, желанный,
Я снова с тобой.

Герман

Но, милая, нельзя нам медлить,
Часы бегут... Готова ль ты? Бежим!

Лиза

Куда бежать? С тобой хоть на край света!

Герман

Куда бежать? Куда? В игорный дом!

Лиза

О, боже, Что с тобой, Герман?

Герман

Там груды золота лежат и мне,
Мне одному они принадлежат!

Лиза

О горе! Герман, что ты говоришь? Опомнись!

Герман

Ах, я забыл, ведь ты еще не знаешь!
Три карты, помнишь, что тогда еще я выведать хотел
У старой ведьмы!

Лиза

О, боже, он безумен!

Герман

Упрямая, сказать мне не хотела.
Ведь нынче у меня она была —
И мне сама три карты назвала.

Лиза

Так, значит, ты ее убил?

Герман

О, нет, зачем? Я только поднял пистолет,
И старая колдунья вдруг упала!

(Хохочет.)

Лиза

Так это правда, со злодеем,
Свою судьбу связала я!
Убийце, извергу, навеки
Принадлежит душа моя!
Его преступною рукою
И жизнь, и честь моя взята,
Я волей неба роковою
С убийцей вместе проклята...

Герман

Да, да, то правда, три карты знаю я!
Убийце своему три карты, три карты назвала она!
Так было суждено судьбой,
Я должен был свершить злодейство.
Три карты этою ценой только мог я купить!
Я должен был свершить злодейство,
Чтоб этой страшной ценой
Мои три карты я мог узнать.

Лиза

Но нет, не может быть! Опомнись, Герман!

Герман *(в экстазе)*

Да! я тот третий, кто страстно любя,
Пришел, чтобы силой узнать от тебя
Про тройку, семерку, туза!

Лиза

Кто б ни был ты, я все-таки твоя!
Бежим, идем со мной, спасу тебя!

Герман

Да! я узнал, я узнал от тебя
Про тройку, семерку, туза!

(Хохочет и отталкивает Лизу.)

Оставь меня! Кто ты? Тебя не знаю я!
Прочь! Прочь!

(Убегает.)

Лиза

Погиб он, погиб! А вместе с ним и я!

(Бежит к набережной и бросается в реку.)

КАРТИНА СЕДЬМАЯ

Игорный дом. Ужин. Некоторые играют в карты.

Хор гостей

Будем пить и веселиться!
Будем жизнию играть!
Юности не вечно длиться,
Старости не долго ждать!
Пусть потонет наша младость
В неге, картах и вине.
В них одних на свете радость,
Жизнь промчится как во сне!
Пусть потонет наша радость....

Сурин *(за картами)*

Дана!

Чаплицкий

Гну пароли!

Нарумов

Убита!

Чаплицкий

Пароли пе!

Чекалинский *(мечет)*

Угодно ставить?

Нарумов

Атанде!

Чекалинский

Туз!

Сурин

Я мирандолем...

Томский *(князю)*

Ты как сюда попал?
Я прежде не видал тебя у игроков.

Князь

Да, здесь я в первый раз.
Ты знаешь, говорят:
Несчастные в любви
В игре счастливы...

Томский

Что хочешь ты сказать?

Князь

Я больше не жених.
Не спрашивай меня!
Мне слишком больно, друг.
Я здесь за тем, чтоб мстить!
Ведь счастие в любви
Ведет с собой в игре несчастье...

Томский

Объясни, что это значит?

Киязь

Ты увидишь!

Хор

Будем пить и веселиться...

(Игроки присоединяются к ужинающим.)

Чекалинский

Эй, господа! Пусть Томский что-нибудь споет нам!

Хор

Спой, Томский, да что-нибудь веселое, смешное...

Томский

Мне что-то не поется...

Чекалинский

Э, полно, что за вздор!
Выпей и споется! Здоровье Томского, друзья!
Ура!..

Хор

Здоровье Томского! Ура!

Томский

Если б милые девицы
Так могли летать, как птицы,
И садились на сучках,
Я желал бы быть сучочком,
Чтобы тысячам девочкам
На моих сидеть ветвях.

Хор

Браво! Браво! Ах, спой еще куплет!

Томский

Пусть сидели бы и пели,
Вили гнезда и свистели,
Выводили бы птенцов!
Никогда б я не сгибался,
Вечно б ими любовался,
Был счастливей всех сучков.

Хор

Браво! Браво! Вот так песня!
Это славно! Браво! Молодец!
«Никогда б я не сгибался,
Вечно б ими любовался,
Был счастливей всех сучков».

Чекалинский

Теперь же, по обычаю, друзья, игрецкую!

Чекалинский, Чаплицкий, Нарумов, Сурин

Так, в ненастные дни
Собирались они

Часто;

Хор

Так в ненастные дни
Собирались они
Часто;

Чекалинский, Чаплицкий, Нарумов, Сурин

Гнули — бог их прости! —
От пятидесяти
  На́ сто.

Хор

Гнули — бог их прости —
От пятидесяти
  На́ сто.

Чекалинский, Чаплицкий, Нарумов, Сурин

И выигрывали,
И отписывали
  Мелом.

Хор

И выигрывали,
И отписывали
  Мелом.

Чекалинский, Чаплицкий, Нарумов, Сурин

Так, в ненастные дни
Занимались они
  Делом.

Хор

Так, в ненастные дни
Занимались они
    Делом.

(Свист, крики и пляс.)

Чекалинский

За дело, господа, за карты!
Вина! Вина!

(Садятся играть.)

Хор

Вина, вина!

Чаплицкий

Девятка!

Нарумов

Пароли...

Чаплицкий

На смарку!

Сурин

Я ставлю на руте...

Чаплицкий

Дана!

Нарумов

От транспорта на десять.

(Входит Герман.)

Князь *(увидя его)*

Мое предчувствие меня не обмануло,

(Томскому.)

Я, может быть, нуждаться буду в секунданте.
Ты не откажешься?

Томский

Надейся на меня!

Хор

А! Герман, друг! Что так поздно? Откуда?

Чекалинский

Садись ко мне, ты счастие приносишь.

Сурин

Откуда ты? Где был? Уж не в аду ли?
Смотри, на что похож!

Чекалинский

Страшнее быть нельзя!
Да ты здоров ли?

Герман

Позвольте мне поставить карту.

(Чекалинский молча кланяется в знак согласия.)

Сурин

Вот чудеса, он стал играть.

Хор

Вот чудеса, он стал понтировать, наш Герман.

(Герман ставит карту и прикрывает банковым билетом.)

Нарумов

Приятель, поздравляю с разрешеньем столь долгого поста!

Чекалинский

А сколько?

Герман

Сорок тысяч!

Хор

Сорок тысяч! Вот так куш. Ты с ума сошел!

Сурин

Уж не узнал ли ты три карты у графини?

Герман *(раздраженно)*

Что ж, бьете или нет?

Чекалинский

Идет! Какая карта?

Герман

Тройка.

(Чекалинский мечет.)

Герман

Выиграла!

Хор

Он выиграл! Вот счастливец!

Чекалинский, Чаплицкий, Томский, Сурин, Нарумов, хор

Здесь что-нибудь не так! Его очей блужданье
Сулит недоброе, он будто без сознанья.
Нет, здесь что-нибудь не так!..

Чекалинский

Ты хочешь получить?

Герман

Нет! Я иду углом!

Хор

Он сумасшедший! Разве можно?
Нет, Чекалинский, не играй с ним.
Смотри он сам не свой.

Герман

Идет?

Чекалинский

Идет? А карта?

Герман

Вот, семерка! *(Чекалинский мечет.)* Моя!

Хор

Опять его! Тут что-то неладное с ним творится.

Герман

Что вы носы повесили?
Вам страшно? *(Хохочет истерически.)*
Вина! Вина!

Хор

Герман, что с тобой?

Герман *(со стаканом в руке)*

Что наша жизнь? — Игра!
Добро и зло — одни мечты!
Труд, честность — сказки для бабья.
Кто прав, кто счастлив здесь, друзья?

Сегодня ты, — а завтра я!
Так бросьте же борьбу
Ловите миг удачи!
Пусть неудачник плачет,
Пусть неудачник плачет,
Кляня, кляня свою судьбу.
Что верно? Смерть одна!
Как берег моря суеты,
Нам всем прибежище она.
Кто ж ей милей из нас, друзья?
Сегодня ты, — а завтра я!
Так бросьте же борьбу!
Ловите миг удачи!
Пусть неудачник плачет,
Пусть неудачник плачет,
Кляня свою судьбу.

Идет еще?

Чекалинский

Нет, получи!
Сам черт с тобой играет заодно!

(Чекалинский кладет проигрыш на стол.)

Герман

А если бы и так, что за беда!
Кому угодно?
Вот это все на карту? А?

Князь *(выступая вперед)*

Мне!

Хор

Князь, что с тобой? Перестань!
Ведь это не игра — безумие!

Князь

Я знаю, что я делаю!
У нас с ним счеты!

Герман *(смущен)*

Вам, вам угодно?

Князь

Мне, мечите, Чекалинский.

(Чекалинский мечет.)

Герман *(открывая карту)*

Мой туз!

Князь

Нет! Ваша дама бита!

Герман

Какая дама?

Князь

Та, что у вас в руках — дама пик!

(Показывается призрак графини. Все отступают от Германа.)

Герман *(в ужасе)*

Старуха!.. Ты! Ты здесь!
Чего смеешься?
Ты меня с ума свела.
Проклятая! Что,
Что надобно тебе?
Жизнь, жизнь моя?
Возьми ее, возьми ее!

(Закалывается. Приведение исчезает. Несколько человек бросаются к упавшему Герману.)

Хор

Несчастный! Как ужасно, покончил он с собой!
Он жив, он жив еще!

(Герман приходит в себя. Увидя князя, он старается приподняться.)

Герман

Князь! Князь, прости меня!
Мне больно, больно, умираю!
Что это? Лиза? Ты здесь!
Боже мой! Зачем, зачем?
Ты прощаешь! Да?
Не клянешь? Да?
Красавица, Богиня! Ангел!

(Умирает.)

Хор

Господь! Прости ему! И упокой
Его мятежную и измученную душу.

(Занавес тихо опускается).

Also available from JiaHu Books:

Русланъ и Людмила — А. С. Пушкин - 9781909669000

Евгеній Онѣгинъ — А. С. Пушкин — 9781909669017

Анна Каренина — Л. Н. Толстой - 9781909669154

Чорна рада — Пантелеймон Куліш - 9781909669529

Мать — Максим Горький — 9781909669628

Рассказ о семи повешенных и другие повести — Л. Н. Андреев — 9781909669659

Леди Макбет Мценского уезда и Запечатленный ангел - Н. С. Лесков - 9781909669666

Очарованный странник — Н. С. Лесков — 9781909669727

Некуда — Н. С. Лесков -9781909669673

Мы - Евгений Замятин- 9781909669758

Евгений Онегин (Либретто) - 9781909669741

www.ingramcontent.com/pod-product-compliance
Lightning Source LLC
Chambersburg PA
CBHW031418040426
42444CB00005B/632